BOMBARDE,

OU LES

MARCHANDS DE CHANSONS,

PARODIE

D'OSSIAN, OU *LES BARDES*,

Mélodrame-Lyrique, en cinq actes ;

PAR MM. DAUDET, SERVIÈRE ET LÉGER ;

Représentée, pour la première fois, à Paris, sur le Théâtre de Molière, le 30 Messidor an 12.

A PARIS,

Chez Mad. CAVANAGH, Libraire, sous le nouveau passage du Panorama, No. 5, entre le Boulevard Montmartre et la rue St.-Marc.

AN XII. — (1804.)

PERSONNAGES.

BOMBARDE.	MM. *Leblanc.*
TALMOUSE.	*Bellemond.*
MOROSE.	*Duforest.*
LAMILA.	*Lecerf.*
FANFAN.	*Lemaître.*
L'ENFLÉ, Chanteur.	*Cazot.*
TRALALA.	Mad. *Leblanc.*

JAVOTTE, Commère, Mde. de Pommes.
Chœur de Chanteurs.

Nota. Le quart de la rétribution dans les départemens, appartient à Mad. *Cavanagh.*

Le Théâtre représente le Quai de la Ferraille, au bas du Pont-au-Change.

BOMBARDE.

SCENE PREMIÈRE.

LAMILA, TROIS CHANTEURS, TROIS CHANTEUSES.

CHŒUR.

Ais : *Brillant Soleil.*

O Soleil, brillant Soleil,
Prends la place de la Lune,
O ! Soleil, brillant Soleil
Hâte aujourd'hui ton réveil.

UN CHANTEUR.

Pardonne, ô brillant Soleil,
Si notre voix t'importune ;
C'est que pendant ton sommeil,
Nos airs ne font pas fortune.

CHŒUR.

O Soleil etc.

LAMILA.

Chut ! chut ! taisez-vous donc, marchands de chansons, vous allez réveiller tout le quai de la Ferraille; puis c'est bien le moment de chanter.

UN CHANTEUR.

Pourquoi donc pas?

LAMILA.

Comment ! pourquoi pas ? Avez-vous oublié que votre ami, votre chef, le célèbre Bombarde n'est point à Paris ; qu'en son absence le gros Talmouse qui jamais n'avait vendu ses chansons qu'à la place Maubert, est venu s'établir sur le Pont-au-Change; oubliez-vous que le vieux Morose, le doyen des marchands du Pont-Neuf, piqué de son audace, s'est engagé dans la troupe des comédiens de Montereau, et que la belle Tralala, sa fille, est au pouvoir de Talmouse qui l'a enlevée, parce qu'elle a une voix superbe, et qu'elle chante comme à l'Opéra ?

UN CHANTEUR.

Çà n'est pas juste... mais s'il est ainsi, pourquoi sommes-nous aux gages de Talmouse, pourquoi restons-nous avec lui ?

LAMILA.

Je n'en sais rien, ni vous non plus, mais c'est égal.

UN CHANTEUR.

Cassons-lui nos violons sur les épaules, et qu'il n'en soit plus question.

LAMILA.

J'y consens.

Air : *Un bandeau couvre les yeux.* (*Richard cœur de lion.*)

Trompons celui dont les soins
Prévenant tous nos besoins,
Nous donnent l'existence ;
C'est prouver en ces instans
Combien l'on tient, mes enfans,
A la reconnaissance.
A son amant, à son papa,
Rendons Tralala, (bis.)
C'est une petite noirceur,
Qui peut un jour nous faire honneur.

LE CHŒUR.

De tout mon cœur.

LAMILA ET LE CHŒUR.

Trompons celui dont les soins,
Prévenant tous nos besoins
Nous donne l'existance,
Nous ne ferons, mes enfans,
Que ce que font bien des gens
De notre connaissance.

UN CHANTEUR.

C'est dit, Lamila, compte sur nous

LAMILA.

Talmouse nous a fait dire d'être chez lui avant le jour ; pour lui prouver notre obeissance, n'y allons pas.

UN CHANTEUR.

Le voilà qui arrive avec son fils Fanfan, qui ne le quitte pas plus que son ombre.

LAMILA.

C'est vrai; on dirait que cet imbécille-là ne sait pas marcher tout seul.

SCENE II.

LES PRÉCÉDENS, TALMOUSE, FANFAN.

TALMOUSE.

De la joye, mes amis, de la joye : préparez tous les couplets de mariage, passés, présens et futurs. Mon fils Fanfan épouse aujourd'hui Tralala.

LAMILA.

Tralala épouse Fanfan ! grand dieu ! quel coup pour le pére noble de la troupe de Montereau, quand le coche lui portera une semblable nouvelle !

TALMOUSE.

Il viendra danser à la noce.

LAMILA.

Et Bombarde qui l'adorait !

FANFAN.

J'ose être le rival de ce fameux Bombarde.

LAMILA.

Tralala ne t'aime pas.

FANFAN.

Elle m'aimera.

LAMILA.

Çà n'est pas vrai.

Air : *Cet arbre apporté de Provence.*

Mon ami, ton ame jalouse
Pourrait grandement s'abuser.
Souvent sans aimer on épouse,
Et l'on aime sans épouser.
De fillette qu'amour entraîne,
Le cœur avec peine arrêté,
De l'hymen n'accepte la chaine,
Que pour avoir sa liberté.

FANFAN.

Joli pronostic !

LAMILA.

Çà ne te manquera pas.

TALMOUSE.

De quoi te mêles-tu, toi ? tu fais ici le factotum... Prends-garde à toi...

LAMILA.

Je fais mon métier. D'ailleurs, je dois vous prévenir que Bombarde qui court les foires pour débiter ses chansons, et qui est retenu pour le moment à Choisi-sur-Seine, peut arriver d'un moment à l'autre.

FANFAN.

Qu'est-ce que cela me fait ?

LAMILA.

Ne t'y fie pas, fils de Talmouse ; le fils de Fringale t'avalera.

FANFAN.

Je n'ai pas peur. Quand je lui aurai soufflé sa maîtresse, il enragera ; çà me fera plaisir.

LAMILA.

L'aimable enfant !

FANFAN.

Tant mieux. Je suis taquin, moi ; il faut être quelque chose dans le monde.

TALMOUSE.

Qui est-ce qui nous arrive ?

SCENE III.

Les Précédens, UN CHANTEUR.

LE CHANTEUR, *accourant*.

Air : *De la Galopade*.

Au port du quai Saint-Bernard,
Avec les mains dans ma poche,
Me promenant par hazard,
Je viens de voir à l'écart
Un troupeau frais et gaillard
De chanteurs sortis du coche,
Que j'ai bien reconnus, car
Ils ont l'air de gens de l'art.

LAMILA, *à part*, *avec transport*.

Ah! ce sont les Bardes! vive la joie; ton rival, Fanfan, vient venger son amour et sa gloire.

TALMOUSE.

Qu'on ne les laisse pas approcher.

FANFAN.

Je vais les rosser d'importance.

LAMILA.

Tu vas te faire assommer. Ne bouge pas... Ecoute-moi, Talmouse, ces chanteurs viennent probablement te disputer le local et la propriété de Tralala; avant de les battre, tu dois leur montrer la demoiselle et les faire boire; çà n'est ni naturel ni raisonnable, mais

Voilà l'antique usage et parmi nous sacré.

FANFAN.

Papa ne s'y soumettra pas; çà serait trop bête.

TALMOUSE.

Si, mon fils : va au cabaret du *Puits sans vin*, au coin de la rue de la Sonnerie; fais préparer à souper pour tout le monde.

FANFAN.

Oui, papa, j'y cours; mais certainement ce n'est pas de bon cœur.

LAMILA.

Le joli enfant! comme il a un bon caractère!

SCENE IV.

Les Précédens, excepté FANFAN.

TALMOUSE.

Mes amis, allez au-devant de ces chanteurs qui arrivent. Où les trouvera-t-on?

LE CHANTEUR.

De la Cité à l'île St.-Louis.

TALMOUSE.

Dites-leur d'approcher sans crainte. Le Pont-au-Change, aux pierres près, dont il est encombré, est libre pour tout le monde. Quant à Tralala, s'ils m'en parlent, ils sauront ce que je leur dirai. Allez.

LE CHANTEUR.

Quel chemin faut-il prendre ?

TALMOUSE.

Le pont à droite, la rue des Marmousets à gauche, le cloître en droite ligne, et vous tombez sur le pont blanc, ci-devant rouge.

LE CHANTEUR *en sortant.*

Il suffit; çà y est.

SCENE V.

LAMILA, TALMOUSE.

TALMOUSE.

Dis donc, mon petit Lamila, je ne t'aime pas, tu le sais.

LAMILA.

Il y a long-tems.

TALMOUSE.

Je te dis des sottises quand je peux.

LAMILA.

C'est vrai.

TALMOUSE.

Je me méfie de toi.

LAMILA.

Et vous n'avez pas tort.

TALMOUSE.

Tu es le défenseur de Bombarde !

LAMILA.

Je m'en fais honneur.

TALMOUSE.

Eh! bien! il faut pour tout cela que tu me rendes un service.

LAMILA.

C'est bien naturel. Dequoi s'agit-il ?

TALMOUSE.

Ces étrangers vont nous proposer un défi public. Comme je n'ai plus une aussi belle voix et que tu chantes fort bien, il faut que tu tiennes tête aux chanteurs qui certainement auront une provision solide de chansons de Bombarde.

LAMILA.

Moi ! grands dieux ! qu'oses-tu proposer ?

TALMOUSE.

De te couvrir de gloire.

LAMILA.

Air : *N'y a qu' n'y a qu', etc.*

On connaît la puissance
Qu'ont partout ses vers empoulés.

TALMOUSE.

En fait de chant, je pense,
Nous sommes aussi bien stylés.

LAMILA.

Contre Bombarde
Prenez-y garde,
En combattant l'on se hazarde.

TALMOUSE.

Sans rien en redouter
Lamila peut lutter.

LAMILA.

Non, n'iaqu' n'iaqu' n'iaqu'
N'y a qu'lui qui puisse l'emporter.

Ensemble.

N'y aqu', n'y aqu', n'y aqu', n'y aqu'.
N'y a qu' lui / toi qui puisse / puisses l'emporter.

LAMILA, *sort.*

SCENE VI.

TALMOUSE, UN CHANTEUR.

LE CHANTEUR.

Père Talmouse !

TALMOUSE.

Hein.

LE CHANTEUR.

Si tu veux m'en croire, ne risque pas de te frotter contre Bombarde ; tu n'es pas de calibre, et puis, tous tes compagnons sont de son bord.

TALMOUSE.

Je m'en moque.

Air : *Des fraises.*

Qui ! moi ! morbleu ! je craindrais
Ce racleur téméraire,
Qu'il paraisse et je promets,
De lui faire à coup d'archets
La guerre.

SCENE VII.

Les Précédens, LES COMPAGNONS

LE CŒUR, *en entrant.*

La guerre. (3 fois).

TALMOUSE.

Allons, mes amis, une belle imprécation, et criez bien fort, çà fait de l'effet.

Air : *O désespoir ! ô rage !*

Bombarde nous menace,
Défions son audace ;
Nos tambours, nos bassons
Etoufferont ses chansons.

CHOEUR.

Bombarde nous menace, etc.

TALMOUSE.

J'ai la douce espérance
Qu'au gré de ma vengeance,
Mon rival chantera
Faux comme à l'Opéra.

CHOEUR.

Bombarde nous menace, etc.

TALMOUSE.

Mes amis, c'est superbe, entrons au cabaret ; il faut nous rafraîchir le gosier. Un vieux verre de vin est le petit lait des basses-tailles ; çà donne mieux le ton qu'un orchestre en avant par derrière. *Ils entrent dans le cabaret.*

SCENE VIII.

TRALALA, JAVOTTE.

TRALALA.

Comment, Javotte, tu dis que les compagnons de Bombarde viennent me demander ; quelle jolie attention !

JAVOTTE.

Oui, mamzelle Tralala, on va vous présenter à eux : je ne sais pas pourquoi ; mais vous n'en épouserez pas moins Fanfan.

TRALALA.

Ah ! ne parle pas de çà, Javotte, ne parle pas de çà ; je n'aime pas plus M. Fanfan, que mon papa n'aime les chansons de M. son père.

JAVOTTE.

Prenez-y garde, si vous faites la difficile, il y aura des tappes.

TRALALA.

Que m'importe : tant pis pour qui les recevra ; mais jamais Tralala ne trahira Bombarde.

JAVOTTE.

Diantre ! faut qu'çà fasse un gentil monsieur, car vous m'en paraissez solidement coiffée.

TRALALA.

Ah ! si tu le connaissais ! Fier comme un Ecossais,

franc comme un Picard, brave comme un Gascon, et des talens.... ! ah ! Dieu !

Air : *Que ne suis-je la fougère.*

C'est lui qui dans mon enfance,
Savait m'apprendre à chanter ..
(*Ritournelle : J'ai du bon tabac.*)
Ah ! que de fois à la danse,
Je le vis me répéter...
(*Ritournelle : Mad'moiselle, voulez-vous danser.*)
S'il voyait sur mon visage
Un air bien triste, il chantait...
(*Ritournelle : je n't'ai jamais vu comme çà.*)
Je comprenais son langage,
Et mon cœur lui répondait.
(*Ritournelle : Pommes de Reinette.*)

JAVOTTE.

Comme c'était tendre !

TRALALA.

Mais c'est fini, je ne le reverrai plus.

JAVOTTE, *entendant la ritournelle de l'air suivant.*

Ah ! mon Dieu, qu'est-ce que c'est que cela !

TRALALA.

Regarde, Javotte, regarde vîte.

JAVOTTE

Ce sont des inconnus qui arrivent en batelet.

TRALALA.

Les reconnais-tu ?

JAVOTTE.

Non, parce que je ne les connais pas.

TRALALA.

Chut ! écoutons.

CHŒUR. *Les Chanteurs dans la coulisse.*

Air : *Pleurez mes yeux.*

» L'ombre blanchit, l'horison se colore,
» Le ciel plus pur, brille des feux du jour,
» Le tendre oiseau s'éveille avec l'aurore,
» Tout du soleil annonce le retour.

TRALALA.

Ils parlent du soleil, ce sont les amis de Bombarde !

JAVOTTE.

Ils doivent y voir clair, ils sont toujours au soleil.

CHŒUR. *Même air. Ils entrent en scène.*

» Brillant soleil, que ta lumière est pure !

JAVOTTE.

Encore !

CHŒUR.

» Que tes rayons sont purs et bienfaisans !...

JAVOTTE.

Ah! c'est trop fort, ces gens-là, je vous jure,
Prendront bientôt la lune avec les dents.

SCENE IX.

BOMBARDE, TRALALA, CHANTEURS.

TRALALA, *à part.*

Bombarde !...

BOMBARDE.

Tralala !...

TRALALA.

Ne te fais pas encore connaître.

BOMBARDE.

T'as raison, çà ne sert pas à grand chose ; mais ça me ménagera un effet.

UN CHANTEUR.

Talmouse est prêt à te recevoir ; mais ne t'y fie pas, c'est un sournois.

BOMBARDE.

J'sais que c'est un hableur; mais vous, belle Tralala, souffrirez-vous que je sois votre défenseur ?

TRALALA.

Ah! dieu! si je le veux ! sur quel autre pourrais-je me reposer?

Air : *O ma tendre Musette.*

Des bords du pont Marie
Jusques au pont des Arts,
Chaque jour ton amie
Promenait ses regards,
Mais ma peine était vaine,
Et mes pleurs douloureux,
Faisaient grossir la Seine
Sans te rendre à mes vœux.

Ensemble.

Mais ma/ta peine était vaine, etc.

TRALALA.

Air : *Contredanse de la Paris.*

O douce ivresse !
Pour ma tendresse!
Ah ! pour ta maitresse
Quelle allégresse !

BOMBARDE.

O doux présage !
Quel doux langage !
Pour mon tendre cœur
Quel heureux bonheur !

TRALALA.

Mon cher amant,
Que le moment,

Où je te voi,
A de charmes pour moi!

BOMBARDE.

Ma chère, hélas,
Tu n'as
Donc pas
Mis ton ami
Dans le sac... à l'oubli.

Ensemble.

O douce ivresse
Pour ma tendresse, etc.

TRALALA.

Ah! çà, dis donc, et papa?

BOMBARDE.

Ton papa respire. Il est à Montereau dont il fait les délices dans l'emploi des peres nobles; mais, il va revenir pour jouer les colins *au Boudoir des Muses;* tu le verras aujourd'hui même.

TRALALA.

Ah! çà me fera plaisir.

SCENE X.

Les Précédens, LAMILA.

LAMILA.

Mon homme, j'accours pour te dire que v'là Talmouse, taches de te contenir et ne dis pas que tu es toi.

SCENE XI.

Les Précédens, TALMOUSE, FANFAN, Chanteurs.

TALMOUSE.

Air: du *Port Mahon.*

Chansonniers mes confrères,
Je vous reçois ainsi que des frères;
Quels sont donc vos mistères!
Que demandez-vous là!

CHŒUR.

Tralala, Tralala, Tralala!

TALMOUSE.

Est-ce pour m'insulter?
Ou venez-vous chanter;
Faites qu'on vous entende!
Ne criez pas!

BOMBARDE.

Celui qui commande,
Veut qu'aujourd'hui l'on rende
La belle que voilà,
Tralala, Tralala, Tratala!

TALMOUSE.

Quoi! c'est elle que vous demandez ?

BOMBARDE.

Elle est fiancée à Bombarde.

TALMOUSE.

Elle épousera Fanfan.

FANFAN.

Oui, papa l'a dit... elle épousera Fanfan...

BOMBARDE.

En ce cas nous nous battrons.

FANFAN.

Ah papa ! dites-lui donc qu'il finisse.

TALMOUSE.

Ah çà ne fais pas ton entendu ici.

BOMBARDE,

Vous verrez ce que sait faire Bombarde.

FANFAN.

Papa, voulez-vous que je lui parle ?

TALMOUSE.

Parle, Fanfan.

FANFAN.

Dis à ton Bombarde que je ne le crains pas, parce que nous sommes beaucoup de monde ici.

BOMBARDE.

Eh bien, Fanfan, je suis Bombarde.

FANFAN.

Ah quel coche! je ne m'attendais pas à celui-là.

TOUS.

Bombarde !

FANFAN.

Papa, faites-le prendre.

TALMOUSE.

Tout-à-l'heure, Fanfan, ce n'est pas encore le moment.

LAMILA.

Arrête, petit crâne, tu connais bien nos us et coutumes; vous savez qu'il faut d'abord boire; je vous l'ai déjà dit.

CHŒUR.

Air : *De la contredanse des petits patés.*

Dans le plus beau des cabarets,
On nous propose du vin frais
Entrons, amis, les plats sont prêts,
Buvons, nous nous battrons après,

TALMOUSE, *en lui présentant Tralala.*
Je vous remets le gage
Qui plait à votre cœur.

BOMBARDE.

Tralala, quel présage
De mon futur bonheur.

TRALALA.

Dieu protégez vous-même
Mon aimable chanteur;
Et que celui que j'aime,
Reste demain vainqueur.

CHOEUR.

Dans le plus beau des cabarets etc.

SCENE XII.

MOROSE, seul.

Me revoilà donc sur le terrein de mes ancêtres! Je reconnais tous les lieux d'alentour : le cabaret du Puits-sans-Vin, les marchandes de crêpes, de pommes, de groseilles, et le corps-de-garde des Pompiers. Lieux enchanteurs! je revois par-tout les traces de ma gloire et les témoins de mes exploits!

Air: *d'Angélique et Melcourt.*

Là, mes refreins furent chantés,
On m'entourait pour les apprendre;
Les connaisseurs les plus vantés
Venaient en foule pour m'entendre.
On y voit depuis que j'ai fui,
Talmouse et ses chanteurs profanes,
Et le Pont-au-Change aujourd'hui
N'est plus que le pont aux anes.

Mais quel coup vient de recevoir mon cœur sensible; au moment où je vole dans les bras de ma fille, de ma chère Tralala, j'apprends par la voix publique qu'elle est à la veille d'épouser le fils de Talmouse. Ah! je mettrai des bâtons dans la roue de ce mariage-là... Mais j'entends je crois une femme, me cacherai-je! Oh! non, c'est inutile; abordons-là tout de suite. Qui va là?...

SCÈNE XIII.

MOROSE, TRALALA.

TRALALA.

C'est une femme,

MOROSE.

Je le vois bien... d'où viens-tu?

TRALALA.

Je me sauve des griffres d'un persécuteur... Il est dans ce cabaret sur un hectolitre de vin blanc, et je me suis sauvée pendant qu'il ne me voyait pas. Mais pourquoi donc t'en vas-tu comme ça tout d'un coup?

MOROSE.

Je n'en sais rien.

TRALALA.

Eh bien reste, nous allons peut-être nous reconnaitre.. as-tu une fille?

MOROSE.

Oui.

TRALALA.

Moi j'ai un père.

MOROSE.

Ah!...

TRALALA.

» Il attend sa fille bien chère,
» Celui de qui j'ai reçu la lumière.

MOROSE.

Comment s'appelle-t-il?

TRALALA.

Il s'appelle Morose.

MOROSE.

Dieux!..

TRALALA.

Air : *De l'Opéra Comique.*

C'est lui!

MOROSE.

C'est elle!

TRALALA.

Quoi c'est vous!

MOROSE.

Oui c'est moi.

TRALALA.

Quelle jouissance!

MOROSE.

Viens dans mes bras...

TRALALA.

Embrassons-nous....

MOROSE.

De mes maux douce récompense!...

TRALALA.

Quel doux plaisir, mon cher papa!

MOROSE.

Sur mon honneur, j'en suis tout blême;

TRALALA.

Vraiment je vous retrouve là
Comme Mars en carême.

Quand je vous ai dit que nous nous connaissions, j'ai vu çà sur votre figure.

MOROSE.

T'as un fier instinct; embrassons-nous encore.

TRALALA

Tant qu'il vous plaira ; mai, faut chanter ; une reconnaissance pareill ne peut aller sans çà.

MOROSE.

Allons, pars.

ENSEMBLE. Air : *J'al perdu mon ane.*

Ah ! pour ma tendresse,
Quelle douce ivresse.

MOROSE.

Je revois ma Tralala,

TRALALA.

Je retrouve mon papa,

Ensemble.

Ah ! pour ma tendresse,
Quelle douce ivresse !

TRALALA.

En vlà assez comme çà. J'entends du bruit : c'est peut-être nous qu'on cherche : faut nous cacher.

MOROSE.

T'as raison ; cachons-nous, parce que sans çà, on nous verrait. *Ils sortent à droite.*

SCENE XIV.

LAMILA, CHANTEURS.

LAMILA.

Enfans, il y a de la gabegie sous jeu. Talmouse est un sournois qui a laissé échapper Tralala pour accuser Bombarde de sa fuite. Courez, trottez pour la retrouver ; Bombarde est flambé si vous ne la ramenez pas.

CHŒUR.

Air : *Allons au pré St.-Gervais.*

Allons, amis, cherchons-là,
Et si Talmouse
Ici nous blouse,
Chacun de nous se battra
Pour Bombarde et pour Tralala.

Ils sortent.

SCENE XV.

LAMILA *seul.* (suite de l'air.)

Mon amitié te réclame,
Reviens, chere Tralala.
Ta fuite épouvante l'ame
De Lamila.
Ah ! moi-même, cherchons-la,
Cédons au transport qui m'enflamme,
Et puisse ici Lamila
Sauver Bombarde et Tralala.

Il sort.

SCÈNE XVI.

TALMOUSE ET SES CHANTEURS.

TALMOUSE.

Avancez, vous autres ; j'ai quelque chose à vous dire.

UN CHANTEUR.

Ah ! que c'est bête ! tu nous fais quitter la table au plus beau moment.

TALMOUSE.

Oh ! le goulu, comme il est sur sa bouche.

LE CHANTEUR.

Dam, écoute donc, on ne fait pas tous les jours des repas comme çà ! c'est que tout était fièrement bon.

Air : La Femme de mon Procureur.

As-tu mangé du gros dindon ?
Des volailles rôties ?
Et sur-tout de ce bon lard dont
Elles étaient garnies !

TALMOUSE.

Non, à l'écart
J'ai mis le lard
En mangeant les poulardes,
Car tu le sais,
Je n'ai jamais
Beaucoup aimé les Bardes.

Ah ! çà, vous savez que Bombarde doit disputer de talens avec mon fils Fanfan : c'est dans un instant que la lutte doit commencer ; mais j'ai arrangé les choses de manière à ce qu'il ne puisse pas nous couper l'herbe sous le pied. Pendant qu'il était à flutter, j'ai fait casser son violon, ceux de ses camarades, et j'ai crevé les tambours de basque. Je lui aurais bien fait faire le saut sur le pont, mais çà aurait ressemblé comme deux gouttes d'eau à un opéra, et j'ai trouvé mon moyen plus simple et aussi sûr. Qu'en dites vous ?

LES CHANTEURS.

Supérieurement imaginé !

Chœur dans le cabaret.

A boire, à boire, à boire,
Nous quitt'rons-nous sans boire,
Nous quitt'rons-nous sans boire un coup?
Avant de partir buvons tout.

TALMOUSE.

Les entendez-vous ? Ils boivent, mais bientôt ils mettront de l'eau dans leur vin, toi sur-tout, Bombarde.

Air : *du Panorama.*

Ce jour verra mourir ta gloire,
Et mon triomphe est assuré;
On perdra jusqu'à la mémoire
D'un nom jadis tant célébré;
Dans peu d'instans, fils de Fringale,
Tu verras si je suis un sot :
Faquin, c'est moi qui te régale,
Mais c'est toi qui paîras l'écot.

J'ai fait esquiver Tralala, j'accuserai Bombarde de l'avoir fait enlever; mon fils Fanfan me la ramènera; je les marierai, et tout ira le mieux du monde si çà réussit. Le voici; il va me décocher une imprécation, mais çà m'est égal; je m'y attends.

SCENE XVII.

TALMOUSE, BOMBARDE, CHANTEURS.

BOMBARDE.

Air : *du Pas redoublé.*

Traître, quand je me livre à toi,
Tu menaces ma vie;
Je crois encore malgré moi
A tant de perfidie.
Mais puis-je en douter en voyant
» Que ta lâche allégresse
» Eclate seule en ce moment,
» Au sein de la tristesse.

Mauvais racleur, vilain croque-note, quand je consens à mesurer mon talent à celui de ton colas de fils, tu es assez en dessous pour casser mes instrumens. Va, le ciel t'en punira, si jamais tu vas dans les nuages.

TALMOUSE.

Tu m'as donné l'exemple en faisant évader Tralala.

BOMBARDE.

Elle a pu s'échapper! ô félicité!

TALMOUSE.

Amis, il a manqué à sa parole, nous pouvons retirer la nôtre.

SCENE XVIII.

Les Précédens, LAMILA.

LAMILA *accourant.*

Chanteurs, c'est lui qui est le traître : rossez-le.

TALMOUSE.

Les amis sont pour moi.

LAMILA.

Chanteurs du Pont-au-Change, suivez la loi antique, frappez la casserole, et faites-en retentir les sept voix de la mort. *On apporte une casserole.*

TALMOUSE.

Tiens, la mort a sept voix qui sortent de là-dedans.

LAMILA.

Tu vas les entendre. *On frappe la casserole.*

TALMOUSE.

Eh ben, çà ne m'effraye pas du tout.

BOMBARDE.

Oh! le mauvais caractère!

TALMOUSE.

On m'a fait comme çà; mais en attendant que je change, je veux m'asusrer de ta personne. Qu'on lui ôte sa plaque de chanteur. *On ôte à Bombarde sa plaque de chanteur et les rubans de son chapeau.*

BOMBARDE

Je me laisse faire; t'es le plus fort; mais si je m'échappe de tes pattes, comme le public me vengera.

TALMOUSE.

Air : *Tenez, moi je suis un brave homme.* (*d'Ida.*)

Tes chansons ne sont pas très-bonnes,
Chacun le dira comme moi;
L'appareil dont tu t'environnes,
Est très-beau, mais ce n'est pas toi.
Sans çà, mon cher, nulle pratique,
J'en suis fâché pour ton auteur,
Mais sans décors et sans musique,
Tu perds moitié de ta valeur.

BOMBARDE.

J'ai pourtant fait impression.

TALMOUSE.

C'est çà qui te fera du tort.

SCENE XIX.

Les Précédens, FANFAN, MOROSE, TRALALA.

FANFAN.

Air : *du Coupeur de paille. Ronde de Rabelais*

Papa, jugez de mon zèle,
J'ai bien couru, c'est certain,
J'ai rattrapé l'infidelle
Dans la rue au Plat-D'étain.
Servant votre courroux,
J'ai pris son père avec elle,
C'est pas mal, entre-nous,
D'avoir fait tout çà sans vous.

BOMBARDE.

Quoi ! le papa Morose y est.

MOROSE.

Oui, mon ami, je suis dedans.

TALMOUSE.

Que faisais tu avec ta fille et pourquoi es-tu revenu en cachette, sans prévenir personne... quel était ton projet ?

MOROSE.

Je venais chanter en ces lieux.

TALMOUSE.

Nous te ferons déchanter... Allons camarades qu'on les entraîne au cabaret.

MOROSE.

Ah ! la bonne prison.

BOMBARDE.

Ah dieu ! c'est moi qui suis la cause de tout cela...

TALMOUSE.

Séparez-le de ses enfans.

FANFAN.

Oui séparez ses enfans de lui.

TRALALA.

Ah ! que vous êtes méchans, va cela ne me fera pas aimer ton fils ni chanter pour toi.

TALMOUSE.

Qu'on m'obéisse.

FANFAN.

Moi j'ai fait tout ce que je devais faire ! j'ai dit tout ce que je devais dire, je ne souflerai plus le mot.

TALMOUSE.

Toi, Bombarde, tu es mon prisonnier sous la garde de ce camarade, tu resteras sur ce banc de pierre, car nous ne voulons pas te mettre avec les autres.

BOMBARDE.

Air : *Voltaire en dépit, etc.* (*d'une Soirée des 2 Prisonniers.*)

Indigne rival,
Vilain brutal,
L'heure de la vengeance
Avance ;
J'en vois déjà le fatal
Signal,
Et pour moi ça finira mal.

LAMILA

Pour ce rival,
Et pour ce brutal,
L'heure de la vengeance
Avance,

Mais que çà finisse bien ou mal,
Cela m'est à-peu-près égal.

FANFAN ET TALMOUSE.

Je tiens { mon } rival etc.
Tu tiens { ton }

Ils sortent.

SCENE XX.

BOMBARDE et le Chanteur, au fond du théâtre.

BOMBARDE.

Quoi, vous emmenez Tralala ; rendez-la moi. Bah ! ils ne m'écoutent pas ; ils sont sourds Ah ! ma chère Tralala !

Air : *O ma tendre musette.*

» Hélas ! pour moi la vie,
» Loin d'elle est sans attraits,
» D'une amante chérie,
» Tout vient m'offrir les traits.

Mais ne chantons donc pas comme cela ces jolis petits vers d'opera ; je ressemble à un berger, c'est trop fade pour mon caractère. Je crois que j'entends du bruit,

Air : *Mon père était pot.*

Quelqu'un arrive dans ces lieux,
De quoi veut-on m'instruire ;
Est-ce du plaisant, du fâcheux,
Faut-il pleurer ou rire.
Ce n'est pas cela,
Mais c'est Lamila,
Ou le diable m'emporte ;
Il vient sans façon,
Car à ma prison,
On n'a pas mis de porte.

Tiens, c'est Lamila

SCENE XXI.

LAMILA, BOMBARDE.

LAMILA.

Oui, c'est moi qui viens pour te sauver.

BOMBARDE.

Tu as toujours été bon enfant ; il me serait bien facile de me sauver, mais je ne puis répondre à ton honnêteté, je ne m'en irai pas.

LAMILA.

Ah ! je t'en prie.

BOMBARDE.

Laisses donc.

LAMILA.

Tu prendras mon habit, et je prendrai le tien.

BOMBARDE.

Je te mettrais là dans de beaux draps.

LAMILA.

Je vais te prier bien fort.

Air : *Avec les jeux dans le village.*

Ne crois pas me faire de peine,
Vraiment j'ai de bonnes raisons ;
Prends ma place, je prends la tienne,
Moi, par goût j'aime les prisons.
Console l'objet de ta flamme,
Revois le tendre Tralala,
Et va chanter avec ta femme :
» Le plus heureux, c'est Lamila.

BOMBARDE.

Non ; laisse-moi, je t'en prie.

LAMILA.

Le plus heureux, c'est Lamila ;
Le plus heureux, etc.

BOMBARDE.

Tu me l'as déjà dit ; je veux rester ici absolument.

LAMILA, *parodiant Iphigénie.*

» Oh ! mon ami, j'implore ta pitié !
» Oreste, hélas ! peut-il me méconnaître!

BOMBARDE.

Eh ! bien, qu'est-ce que tu dis donc? tu chantes Iphigénie en Tauride.

LAMILA.

Ah ! c'est vrai, tu as raison ; c'est que vois-tu notre situation est tout-à-fait la même, et nous pouvons continuer la scène ; comme Pilade, puisque tu ne veux pas sortir, je vais aller chercher du secours, et me battre pour toi.

BOMBARDE

Ah ! je ne t'empêche pas de faire çà, au contraire, çà servira fort bien au dénouement ; c'est fort bien imaginé.

LAMILA.

C'est dit.... Sois tranquille ; tu vas entendre un beau tapage ; je te prédis que cela finira très-bien pour nous...... Je ne serai pas long ; amuse-toi en attendant à dormir ; oui, çà fait passer le tems.

BOMBARDE.

Air *de la Clef forée.*

Par un sommeil réparateur,
Je raffraîchirai ma paupière.
Je veux céder à sa douceur,
Aussitôt après ma prière.
En m'assoupissant un instant,
A mes chagrins c'est une trève,
Car je suis certain qu'en dormant,
Je vais faire un très-joli rêve.

SCENE XXII.

BOMBARDE ET LE CHANTEUR.

Air : *Avec vous, sous le même toit (de Fanchon.)*

Dieu des amours, dieu des chansons,
Je vous adresse ma prière ;
Donnez-moi toujours de beaux tons
Couronnez mon ardeur sincère.
Je suis amant, je suis chanteur,
Que je me lève, ou bien me couche,
Où j'ai Tralala dans mon cœur,
Où j'ai Tralala dans ma bouche.

Je crois que je m'endors.

LE CHANTEUR.

Le voilà qui dort, ce bon Bombarde. J'ai du chagrin de le voir comme çà, parce que c'est un bon diable; il faut que je lui rende service, j'ai là des ombres chinoises, çà va l'amuser considérablement pendant qu'il dort... Voici, voilà ton père qui est mort, et ton grand'père qui reviennent comme à la fantasmagorie ; voici un beau palais ; voici des jolies femmes, ce qui n'est le moins agréable du tableau. Dam, ce n'est pas tout-à-fait comme à l'Opéra.

Air : *C'est à mon maître en l'art de plaire.* (Fanchon.)

Du goût on retrouve les traces
Dans tes tableaux toujours fleuris ;
Gardel, tu sais orner les Graces
Du plus aimable coloris.
Ah ! bien certain de nos suffrages,
Pour charmer long-tems nos loisirs,
Donne-nous de nouveaux ouvrages,
Je réponds de nouveaux plaisirs

TRALALA, *se met à la fenêtre et chante.*

Air : *O ma tendre Musette.*

Des bords du pont-Marie
Jusques au pont des Arts,
Chaque jour ton amie
Promenait ses regards.
Mais ma peine était vaine,
Et mes pleurs douloureux.
Faisaient grossir la seine
Sans te rendre à mes vœux.

LE CHANTEUR.

Il va se réveiller..... disparais. (*il sort et emporte les ombres chinoises.*)

BOMBARDE, *se réveille.*

Ah ! que je suis fâché de me réveiller ; ce que je vais voir ne sera pas si beau.

SCENE XXIII.

TRALALA, MOROSE, BOMBARDE, TALMOUSE.

BOMBARDE.

Je ne sais pas ce que je dis, car voilà mon objet. Ah ! que c'est honnête à Talmouse, il m'amène lui-même Tralala.

TALMOUSE.

Va, ce n'est pas pour long-tems. Et je viens te faire une proposition : tu vois que tu ne peux plus rien faire sans moi, tes violons sont cassés, tu n'as pas d'argent pour en racheter. Consens à ce que Tralala épouse Fanfan, et je te rends tes instrumens.

BOMBARDE.

Tu connais peu Bombarde.

TALMOUSE.

Le veux-tu ? ou ne le veux-tu pas ?

TOUS.

Non, non.

TALMOUSE.

Eh ! bien têtus que vous êtes, tant pis pour vous. Saisissez-les et faites là-dessus une belle marche.

BOMBARDE.

Ça va encore ressembler comme deux gouttes d'eau à en Tauride.

SCENE XXIV ET DERNIERE.

Les Précédents, LAMILA.

CHŒUR.

Air : *Eh gai.*

Eh ! gai, gai, gai, brisons, tapons,
Pour terminer l'ouvrage
Eh, gai, gai, gai, brisons, cassons,
Et tambours et violons.

UN CORYPHÉE, *à Talmouse.*

Ton fils de notre rage
Vient de sentir les coups.

BOMBARDE.

Je reprends mon courage,
Puisque vous voici tous.

CHOEUR.

Eh gai, gai, gai, tapons, cassons, etc.

TALMOUSE.

O mon Fanfan, j'enrage ;
Par eux tu fus rossé,
Mais aussi pour ton âge.
Tu t'es trop avancé.

CHOEUR.

Eh gai, gai, gai, etc.

Bataille et tableau général. Talmouse est terrassé.

BOMBARDE.

Ah comme c'est mélodrame !

TALMOUSE.

Je suis vaincu à mon tour.

BOMBARDE.

Qu'est-ce donc qui a fait ce joli coup là ?

LAMILA.

Je te l'avais promis, c'est moi.

TRALALA.

Ah ! c'est bien fait à vous ; si j'osais vous offrir un pe-t cadeau, une bagatelle, un petit livre de chansons.

LAMILA.

Laissez donc ; et toi, et toi mon ami.

Fin de l'air : avec les jeux.

Epouse l'objet de ta flamme,
Pour le bonheur de Tralala,
Chante souvent avec ta femme
» Le plus heureux c'est Lamila.

TALMOUSE.

Que vas-tu faire de moi ?

TRALALA.

On pourrait bien se débarasser de toi, car çà ne coûte en, mais il vaut mieux te faire signer cet écrit.

TALMOUSE.

Qu'est-ce qu'il chante cet écrit ?

LAMILA.

Il ne chante pas, il dit que tu t'engages à retourner à la lace Maubert, dont au surplus tu as bien fait de sortir, our faire le sujet d'une pièce ; il dit encore que tu ne viendras lus nous troubler dans nos chansons, et pour finir par une hrase qui termine toutes les pantomimes, avec ou sans dia-ogue, du boulevard.

« Tot ou tard le ciel punit le crime et récompense l'inno-ence et la vertu ».

VAUDEVILLE.

Air *du vaudeville de la Nuit manquée.*

A l'Opéra, tout plait, tout enchante
Et mille objets y charment les regards,
A l'Opéra la fable est vivante,
Ce lieu charmant est le temple des arts.

LAMILA.

Aimable Armand, une foule empressée
Sait aujourd'hui bien mieux t'apprecier,
Au second rang tu n'étais pas placée
Avec éclat tu brilles au premier

BOMBARDE.

Divin Lesueur, tu marches sur la trace
Des grands auteurs révérés aujourd'hui,
Vois Apollon te désigner ta place
Auprès de Gluck, auprès de Succhini.

CHOEUR.

A l'Opéra, etc.

MOROSE.

Des traits bouffons d'une muse en folie,
Ces grands talens ne peuvent s'irriter.
Car, franchement, quand on les parodie,
On voudrait bien pouvoir les imiter.

CHOEUR.

A l'Opéra, etc.

TRALALA.

Le Vaudeville, en se jouant, ajuste
Ses traits malins .. Tout est de son ressort,
Mais si ce soir, en voulant frapper juste,
Il arrivait qu'il eût frappé trop fort;
De repentir sa faute est suivie
Exemptez-le de la correction,
Et passez-lui cette espieglerie,
C'est un enfant, il demande pardon.

CHOEUR.

De repentir sa faute est suivie, etc.

FIN.

De l'Imprimerie de HOCQUET et Comp., rue St.-Lazare, N. 110, maison Ruggieri.

SUPPLÉMENT

au Catalogue de Mad. Cavanagh.

in-8o.

Jacques le fataliste, par Diderot. 2 vol. 5.
Julius Sacrovir, ou le dernier des Eduens. 1 v. fig. 5.
* Prophétie contre Albion, par Ch. Nodier, auteur des Proscrits, du Peintre de Saltzbourg, etc. 6.

in-12.

Amours de Psyché, Poëme. 1 volume. figures. 1 16.
Art de vérifier les dates de la révolution. (l') 1 v. 3.
Charles, ou Mémoires de Labussière, 4 v. fig. 7 l. 10 s
Choix de nouveaux contes moraux. 3 vol. figures. 6.
Cours d'études de Condillac. 9 volumes. 12.
Deuxième voyage de Jacques le fataliste. 1 vol. 1 10.
Dictionnaire de poche de Catineau. 1 volume.
Duchesse de la Vallière (la), par mad. de Genlis. 2 v.
* Eloge de l'ivresse, 1 vol. figure. 1 10.
* Essais d'un Jeune Barde, par Ch. Nodier, auteur des Proscrits, du Peintre de Saltzbourg, etc. 1 v. 1 l. 10.
Fables de la Fontaine. 1 volume. 2.
Loisirs littéraires de J. J. Regnault-Warin, 1 v. 2 l. 10 s.
Magasin des enfans. 2 volumes. 3.
Idem. 4 volumes in-18. 3.
Masque de fer (le), 2e. éd. aug. du testament. 4 v. f. 7 l. 10.
Miroir de l'enfance. 1 volume. figure. 1 10.

in-18.

* Amours de Manon la ravaudeuse avec le portrait de Brunet en zéphir. 1 vol. 15.
Contes des fées, par Mad. Daulnoy, contenant la grenouille bienfaisante, le mouton, le nain jaune le rameau d'or, la princesse Rosette et Fortunée. 2 volumes. 6 figures. 1 15.
Chaque volume se vend séparément. 1.
Espion de Paris (l'). 1 volume. figure. 15.
* Ivrogniana, ou bons mots et aventures d'ivrognes, recueil de cabaret, suite de Grivoisiana, Brunétiana, Guères de trois, Angotiana, Cricriana, Merdiana, etc. 1 vol. fig. enl. (vient de paraître.) 1.
Moine (le). 4 volumes avec figures. 4.
Nouvelles galantes et critiques. 4 volumes. fig. 4.
Œuvres complettes de Colardeau. 4 vol. portrait. 4.
Poissardiana. 1 vol. fig. 15
Rencontre au foyer Montansier. 1 vol. fig. 1

PIECES DE THÉATRE

Du fond de Madame CAVANAGH.

Amant rival de sa maîtresse, opéra par Henrion et Piccini.
Amateur tout seul, ou Je Débute, monol. Rougemont.
Bouffe et le Tailleur (le) op.-bouf. A. Gouffé et Villiers.
Brisquet et Jolicœur, vaudev. de Dumaniant et Servière.
Cadet Roussel chez Achmet, folie. Bosquier-Gavaudan.
Caponnet, vaud. de Chazet et Francis.
Charbonniers de la Forêt Noire, (les) pièce à spectacle, par Sewrin, Servière et Lafortelle..
Clémence Isaure, vaudev. de A. Gouffé et G. Duval.
Cric-Crac, vaudeville, de Désaugiers et Jacquelin.
Edouard et Adèle, com.-vaud. de J.-B. Dubois.
Hôtel de Lorraine, pr.-v. Chazet, Lafortelle et Francis.
Jean-Bart, vaudeville, par Ligier, Servière et G. Duval.
Languille de Melun, vaud. poissard. G. Duval.
L'Un après l'Autre, vaudev. de Désaugiers et Francis.
Malade par amour, ou la Rente Viagère. Henrion et Brazier
Manie de l'Indépendance, ou Scapin tout seul, par Moreau et Dumersan.
Manon la Ravaudeuse, vaudeville, de Servière, Henrion et Désaugiers.
Médecin de Palerme, vaud. Chazet et Sewrin.
Médecin turc (le) opéra de Armand-Gouffé et Villiers,
Mode ancienne et la mode nouvelle (la), comédie en vers de Gaugiran-Nanteuil
M. Girouette, com. de J. B. Dubois.
Mot de l'Enigme, v. de Chazet, Désaugiers et Lafortelle.
Ninon de l'Enclos, v. de Arm. Ragueneau et Henrion.
Pépinières de Vitry, vaud. de Radet et A. Gouffé.
Pistache, ou le Jour de l'an, v. de Francis et Désaugiers.
Revue de l'an onze, par Chazet.
Seringa, ou la Fleur des Apothicaires, vaudeville, de Armand-Gouffé, G. Duval et T...
Une Heure d'Alcibiade, op. de Dumolard, auteur de Vincent de Paul.
Un quart-d'heure d'un sage, par Léger et Servière
Un et un font onze, vaud. de Villiers et H. Chaussier.
Vélocifères (les) vaud. de Dupaty, Chazet et Moreau.
Vielleuse du boulevard, mélod. de H. Chaussier.
Vincent de Paul, drame en 3 actes, en vers. de Dumolard.

On trouve chez Mad. *Cavanagh*, plusieurs Assortimens de pièces de théâtre, tant anciennes que modernes.

www.ingramcontent.com/pod-product-compliance
Ingram Content Group UK Ltd.
Pitfield, Milton Keynes, MK11 3LW, UK
UKHW022144260726
13993UKWH00005B/2154